KB275710

개역개정

전도서·아가
필사
/
노트
큰글자

Name.

____

Date.

____

차 례

전도서는 솔로몬이 쓴 책으로 지혜서로 분류됩니다. 솔로몬은 당대 최고로 지혜로웠으며, 많은 좋은 것들을 누린 왕입니다. 그가 인생의 노년에 자신이 살면서 배우고 느낀 바를 전도서로 기록했습니다. 전도서는 재산과 명예, 사랑과 쾌락, 인생의 목표와 방향 등에 대해 진지하고 깊은 통찰을 하며 이 모든 것이 헛되다고 말하고 있습니다.

전반부는 삶의 헛됨과 인생에 대한 깊은 고민을 담고 있으며, 중반부는 재산과 권력, 사람 간의 관계, 인생의 가치와 의미에 대한 문제를 다룹니다. 마지막 부분에서는 하나님의 존재와 인간의 삶의 목적에 대해 말하고 있습니다.

전도서는 진정한 행복은 하나님을 경외하는 거라고 말합니다(전 12:13). 전도자는 많은 사람들에게 실질적이며 현실적인 조언을 하기도 하고, 인생의 진리와 삶의 의미를 찾는 과정에 큰 도움을 줍니다.

'아가'란 이름은 히브리 성경 첫머리 글자를 직역한 것으로 '아름다운 노래'란 뜻을 담고 있습니다. 솔로몬과 술람미 여인의 사랑을 그리고 있는 아가서는 유월절에 읽는 책이었습니다. 기독교 정경의 순서를 보면 잠언-전도서-아가로 이어집니다. 솔로몬의 지혜서에 해당하며 지혜의 틀 속에서 해석될 수 있습니다.

아가서는 남녀 사랑에 대한 이야기이기도 하지만 하나님과 인간의 친밀한 사랑을 비유적으로 그리고 있다고도 볼 수 있습니다. 아가서는 남녀간의 애정과 친밀함을 하나님을 경외하는 지혜의 안목에서 바라보고 읽으면 좋습니다. 아가서 곳곳에는 인간을 향한 하나님의 깊은 사랑이 나타나 있습니다.

전도서와 아가서를 필사하며 진정한 삶의 진리를 찾는 시간이 되길 기도합니다.

전도서

1장

모든 것이 헛되다

1 다윗의 아들 예루살렘 왕 전도자의 말씀이라

2 전도자가 이르되 헛되고 헛되며 헛되고 헛되니 모든 것이 헛되도다

3 해 아래에서 수고하는 모든 수고가 사람에게 무엇이 유익한가

4 한 세대는 가고 한 세대는 오되 땅은 영원히 있도다

5 해는 뜨고 해는 지되 그 떴던 곳으로 빨리 돌아가고

6 바람은 남으로 불다가 북으로 돌아가며 이리 돌며 저리 돌아 바람은 그 불던 곳으로 돌아가고

7 모든 강물은 다 바다로 흐르되 바다를 채우지 못하며 강물은 어느 곳으로 흐르든지 그리로 연하여 흐르느니라

8 모든 만물이 피곤하다는 것을 사람이 말로 다 말할 수는 없나니 눈은 보아도 족함이 없고 귀는 들어도 가득 차지 아니하도다

9 이미 있던 것이 후에 다시 있겠고 이미 한 일을 후에 다시 할지라 해 아래에는 새 것이 없나니

10 무엇을 가리켜 이르기를 보라 이것이 새 것이라 할 것이 있으랴 우리가 있기 오래 전 세대들에도 이미 있었느니라

11 이전 세대들이 기억됨이 없으니 장래 세대도 그 후 세대들과 함께 기억됨이 없으리라

지혜가 많으면 번뇌도 많다

12 나 전도자는 예루살렘에서 이스라엘 왕이 되어

13 마음을 다하며 지혜를 써서 하늘 아래에서 행하는 모든 일을 연구하며 살핀즉 이는 괴로운 것이니 하나님이 인생들에게 주사 수고하게 하신 것이라

14 내가 해 아래에서 행하는 모든 일을 보았노라 보라 모두 다 헛되어 바람을 잡으려는 것이로다

15 구부러진 것도 곧게 할 수 없고 모자란 것도 셀 수 없도다

16 내가 내 마음 속으로 말하여 이르기를 보라 내가 크게 되고 지혜를 더 많이 얻었으므로 나보다 먼저 예루살렘에 있던 모든 사람들보다 낫다 하였나니 내 마음이 지혜와 지식을 많이 만나 보았음이로다

17 내가 다시 지혜를 알고자 하며 미친 것들과 미련한 것들을 알고자 하여 마음을 썼으나 이것도 바람을 잡으려는 것인 줄을 깨달았도다

18 지혜가 많으면 번뇌도 많으니 지식을 더하는 자는 근심을 더하느니라

2장

즐거움도 헛되다

1 나는 내 마음에 이르기를 자, 내가 시험삼아 너를 즐겁게 하리니 너는 낙을 누리라 하였으나 보라 이것도 헛되도다

2 내가 웃음에 관하여 말하여 이르기를 그것은 미친 것이라 하였고 희락에 대하여 이르기를 이것이 무슨 소용이 있는가 하였노라

3 내가 내 마음으로 깊이 생각하기를 내가 어떻게 하여야 내 마음을 지혜로 다스리면서 술로 내 육신을 즐겁게 할까 또 내가 어떻게 하여야 천하의 인생들이 그들의 인생을 살아가는 동안 어떤 것이 선한 일인지를 알아볼 때까지 내 어리석음을 꼭 붙잡아 둘까 하여

4 나의 사업을 크게 하였노라 내가 나를 위하여 집들을 짓고 포도원을 일구며

5 여러 동산과 과원을 만들고 그 가운데에 각종 과목을 심었으며

6 나를 위하여 수목을 기르는 삼림에 물을 주기 위하여 못들을 팠으며

7 남녀 노비들을 사기도 하였고 나를 위하여 집에서 종들을 낳기도 하였으며 나보다 먼저 예루살렘에 있던 모든 자들보다도 내가 소와 양 떼의 소유를 더 많이 가졌으며

8 은 금과 왕들이 소유한 보배와 여러 지방의 보배를 나를 위하여 쌓고 또 노래하는 남녀들과 인생들이 기뻐하는 처첩들을 많이 두었노라

9 내가 이같이 창성하여 나보다 먼저 예루살렘에 있던 모든 자들보다 더 창성하니 내 지혜도 내게 여전하도다

10 무엇이든지 내 눈이 원하는 것을 내가 금하지 아니하며 무엇이든지 내 마음이 즐거워하는 것을 내가 막지 아니하였으니 이는 나의 모든 수고를 내 마음이 기뻐하였음이라 이것이 나의 모든 수고로 말미암아 얻은 몫이로다

11 그 후에 내가 생각해 본즉 내 손으로 한 모든 일과 내가 수고한 모든 것이 다 헛되어 바람을 잡는 것이며 해 아래에서 무익한 것이로다

지혜자나 우매자나

12 내가 돌이켜 지혜와 망령됨과 어리석음을 보았나니 왕 뒤에 오는 자는 무슨 일을 행할까 이미 행한 지 오래 전의 일일 뿐이리라

13 내가 보니 지혜가 우매보다 뛰어남이 빛이 어둠보다 뛰어남 같도다

14 지혜자는 그의 눈이 그의 머리 속에 있고 우매자는 어둠 속에 다니지만 그들 모두가 당하는 일이 모두 같으리라는 것을 나도 깨달아 알았도다

15 내가 내 마음속으로 이르기를 우매자가 당한 것을 나도 당하리니 내게 지혜가 있었다 한들 내게 무슨 유익이 있으리요 하였도다 이에 내가 내 마음속으로 이르기를 이것도 헛되도다 하였도다

16 지혜자도 우매자와 함께 영원하도록 기억함을 얻지 못하나니 후일에는 모두 다 잊어버린 지 오랠 것임이라 오호라 지혜자의 죽음이 우매자의 죽음과 일반이로다

17 이러므로 내가 사는 것을 미워하였노니 이는 해 아래에서 하는 일이 내게 괴로움이요 모두 다 헛되어 바람을 잡으려는 것이기 때문이로다

수고도 헛되다

18 내가 해 아래에서 내가 한 모든 수고를 미워하였노니 이는 내 뒤를 이을 이에게 남겨 주게 됨이라

19 그 사람이 지혜자일지, 우매자일지야 누가 알랴마는 내가 해 아래에서 내 지혜를 다하여 수고한 모든 결과를 그가 다 관리하리니 이것도 헛되도다

20 이러므로 내가 해 아래에서 한 모든 수고에 대하여 내가 내 마음에 실
   망하였도다

21 어떤 사람은 그 지혜와 지식과 재주를 다하여 수고하였어도 그가 얻은
   것을 수고하지 아니한 자에게 그의 몫으로 넘겨 주리니 이것도 헛된 것
   이며 큰 악이로다

22 사람이 해 아래에서 행하는 모든 수고와 마음에 애쓰는 것이 무슨 소득
   이 있으랴

23 일평생에 근심하며 수고하는 것이 슬픔뿐이라 그의 마음이 밤에도 쉬
   지 못하나니 이것도 헛되도다

24 사람이 먹고 마시며 수고하는 것보다 그의 마음을 더 기쁘게 하는 것은
   없나니 내가 이것도 본즉 하나님의 손에서 나오는 것이로다

25 아, 먹고 즐기는 일을 누가 나보다 더 해 보았으랴

26 하나님은 그가 기뻐하시는 자에게는 지혜와 지식과 희락을 주시나 죄인
   에게는 노고를 주시고 그가 모아 쌓게 하사 하나님을 기뻐하는 자에게
   그가 주게 하시지만 이것도 헛되어 바람을 잡는 것이로다

3장 모든 일에 때가 있다

1 범사에 기한이 있고 천하 만사가 다 때가 있나니

2 날 때가 있고 죽을 때가 있으며 심을 때가 있고 심은 것을 뽑을 때가 있
   으며

3 죽일 때가 있고 치료할 때가 있으며 헐 때가 있고 세울 때가 있으며

4 울 때가 있고 웃을 때가 있으며 슬퍼할 때가 있고 춤출 때가 있으며

5 돌을 던져 버릴 때가 있고 돌을 거둘 때가 있으며 안을 때가 있고 안는
   일을 멀리 할 때가 있으며

6 찾을 때가 있고 잃을 때가 있으며 지킬 때가 있고 버릴 때가 있으며

7 찢을 때가 있고 꿰맬 때가 있으며 잠잠할 때가 있고 말할 때가 있으며

8 사랑할 때가 있고 미워할 때가 있으며 전쟁할 때가 있고 평화할 때가 있
   느니라

9 일하는 자가 그의 수고로 말미암아 무슨 이익이 있으랴

10 하나님이 인생들에게 노고를 주사 애쓰게 하신 것을 내가 보았노라

11 하나님이 모든 것을 지으시되 때를 따라 아름답게 하셨고 또 사람들에게는 영원을 사모하는 마음을 주셨느니라 그러나 하나님이 하시는 일의 시종을 사람으로 측량할 수 없게 하셨도다

12 사람들이 사는 동안에 기뻐하며 선을 행하는 것보다 더 나은 것이 없는 줄을 내가 알았고

13 사람마다 먹고 마시는 것과 수고함으로 낙을 누리는 그것이 하나님의 선물인 줄도 또한 알았도다

14 하나님께서 행하시는 모든 것은 영원히 있을 것이라 그 위에 더 할 수도 없고 그것에서 덜 할 수도 없나니 하나님이 이같이 행하심은 사람들이 그의 앞에서 경외하게 하려 하심인 줄을 내가 알았도다

15 이제 있는 것이 옛적에 있었고 장래에 있을 것도 옛적에 있었나니 하나님은 이미 지난 것을 다시 찾으시느니라

16 또 내가 해 아래에서 보건대 재판하는 곳 거기에도 악이 있고 정의를 행하는 곳 거기에도 악이 있도다

17 내가 내 마음속으로 이르기를 의인과 악인을 하나님이 심판하시리니 이는 모든 소망하는 일과 모든 행사에 때가 있음이라 하였으며

18 내가 내 마음속으로 이르기를 인생들의 일에 대하여 하나님이 그들을 시험하시리니 그들이 자기가 짐승과 다름이 없는 줄을 깨닫게 하려 하심이라 하였노라

19 인생이 당하는 일을 짐승도 당하나니 그들이 당하는 일이 일반이라 다 동일한 호흡이 있어서 짐승이 죽음 같이 사람도 죽으니 사람이 짐승보다 뛰어남이 없음은 모든 것이 헛됨이로다

20 다 흙으로 말미암았으므로 다 흙으로 돌아가나니 다 한 곳으로 가거니와

21 인생들의 혼은 위로 올라가고 짐승의 혼은 아래 곧 땅으로 내려가는 줄을 누가 알랴

22 그러므로 나는 사람이 자기 일에 즐거워하는 것보다 더 나은 것이 없음을 보았나니 이는 그것이 그의 몫이기 때문이라 아, 그의 뒤에 일어날 일이 무엇인지를 보게 하려고 그를 도로 데리고 올 자가 누구이랴

4장   학대, 수고, 동무

1 내가 다시 해 아래에서 행하는 모든 학대를 살펴 보았도다 보라 학대 받는 자들의 눈물이로다 그들에게 위로자가 없도다 그들을 학대하는 자들의 손에는 권세가 있으나 그들에게는 위로자가 없도다

2 그러므로 나는 아직 살아 있는 산 자들보다 죽은 지 오랜 죽은 자들을 더 복되다 하였으며

3 이 둘보다도 아직 출생하지 아니하여 해 아래에서 행하는 악한 일을 보지 못한 자가 더 복되다 하였노라

4 내가 또 본즉 사람이 모든 수고와 모든 재주로 말미암아 이웃에게 시기를 받으니 이것도 헛되어 바람을 잡는 것이로다

5 우매자는 팔짱을 끼고 있으면서 자기의 몸만 축내는도다

6 두 손에 가득하고 수고하며 바람을 잡는 것보다 한 손에만 가득하고 평온함이 더 나으니라

7 내가 또 다시 해 아래에서 헛된 것을 보았도다

8 어떤 사람은 아들도 없고 형제도 없이 홀로 있으나 그의 모든 수고에는 끝이 없도다 또 비록 그의 눈은 부요를 족하게 여기지 아니하면서 이르기를 내가 누구를 위하여는 이같이 수고하고 나를 위하여는 행복을 누리지 못하게 하는가 하여도 이것도 헛되어 불행한 노고로다

9 두 사람이 한 사람보다 나음은 그들이 수고함으로 좋은 상을 얻을 것임이라

10 혹시 그들이 넘어지면 하나가 그 동무를 붙들어 일으키려니와 홀로 있어 넘어지고 붙들어 일으킬 자가 없는 자에게는 화가 있으리라

11 또 두 사람이 함께 누우면 따뜻하거니와 한 사람이면 어찌 따뜻하랴

12 한 사람이면 패하겠거니와 두 사람이면 맞설 수 있나니 세 겹 줄은 쉽
게 끊어지지 아니하느니라

가난하게 태어나서 왕이 되어도
13 가난하여도 지혜로운 젊은이가 늙고 둔하여 경고를 더 받을 줄 모르는
왕보다 나으니
14 그는 자기의 나라에서 가난하게 태어났을지라도 감옥에서 나와 왕이 되
었음이니라
15 내가 본즉 해 아래에서 다니는 인생들이 왕의 다음 자리에 있다가 왕을
대신하여 일어난 젊은이와 함께 있고
16 그의 치리를 받는 모든 백성들이 무수하였을지라도 후에 오는 자들은
그를 기뻐하지 아니하리니 이것도 헛되어 바람을 잡는 것이로다

5장 하나님을 경외하라
1 너는 하나님의 집에 들어갈 때에 네 발을 삼갈지어다 가까이 하여 말씀
을 듣는 것이 우매한 자들이 제물 드리는 것보다 나으니 그들은 악을
행하면서도 깨닫지 못함이니라
2 너는 하나님 앞에서 함부로 입을 열지 말며 급한 마음으로 말을 내지
말라 하나님은 하늘에 계시고 너는 땅에 있음이니라 그런즉 마땅히 말
을 적게 할 것이라
3 걱정이 많으면 꿈이 생기고 말이 많으면 우매한 자의 소리가 나타나느
니라
4 네가 하나님께 서원하였거든 갚기를 더디게 하지 말라 하나님은 우매한
자들을 기뻐하지 아니하시나니 서원한 것을 갚으라
5 서원하고 갚지 아니하는 것보다 서원하지 아니하는 것이 더 나으니
6 네 입으로 네 육체가 범죄하게 하지 말라 사자 앞에서 내가 서원한 것이
실수라고 말하지 말라 어찌 하나님께서 네 목소리로 말미암아 진노하
사 네 손으로 한 것을 멸하시게 하랴

7 꿈이 많으면 헛된 일들이 많아지고 말이 많아도 그러하니 오직 너는 하나님을 경외할지니라

8 너는 어느 지방에서든지 빈민을 학대하는 것과 정의와 공의를 짓밟는 것을 볼지라도 그것을 이상히 여기지 말라 높은 자는 더 높은 자가 감찰하고 또 그들보다 더 높은 자들도 있음이니라

9 땅의 소산물은 모든 사람을 위하여 있나니 왕도 밭의 소산을 받느니라

재물과 부요와 존귀도 헛되다

10 은을 사랑하는 자는 은으로 만족하지 못하고 풍요를 사랑하는 자는 소득으로 만족하지 아니하나니 이것도 헛되도다

11 재산이 많아지면 먹는 자들도 많아지나니 그 소유주들은 눈으로 보는 것 외에 무엇이 유익하랴

12 노동자는 먹는 것이 많든지 적든지 잠을 달게 자거니와 부자는 그 부요함 때문에 자지 못하느니라

13 내가 해 아래에서 큰 폐단 되는 일이 있는 것을 보았나니 곧 소유주가 재물을 자기에게 해가 되도록 소유하는 것이라

14 그 재물이 재난을 당할 때 없어지나니 비록 아들은 낳았으나 그 손에 아무것도 없느니라

15 그가 모태에서 벌거벗고 나왔은즉 그가 나온 대로 돌아가고 수고하여 얻은 것을 아무것도 자기 손에 가지고 가지 못하리니

16 이것도 큰 불행이라 어떻게 왔든지 그대로 가리니 바람을 잡는 수고가 그에게 무엇이 유익하랴

17 일평생을 어두운 데에서 먹으며 많은 근심과 질병과 분노가 그에게 있느니라

18 사람이 하나님께서 그에게 주신 바 그 일평생에 먹고 마시며 해 아래에서 하는 모든 수고 중에서 낙을 보는 것이 선하고 아름다움을 내가 보았나니 그것이 그의 몫이로다

19 또한 어떤 사람에게든지 하나님이 재물과 부요를 그에게 주사 능히 누
　 리게 하시며 제 몫을 받아 수고함으로 즐거워하게 하신 것은 하나님의
　 선물이라
20 그는 자기의 생명의 날을 깊이 생각하지 아니하리니 이는 하나님이 그
　 의 마음에 기뻐하는 것으로 응답하심이니라

6장

1 내가 해 아래에서 한 가지 불행한 일이 있는 것을 보았나니 이는 사람의
　 마음을 무겁게 하는 것이라
2 어떤 사람은 그의 영혼이 바라는 모든 소원에 부족함이 없어 재물과 부
　 요와 존귀를 하나님께 받았으나 하나님께서 그가 그것을 누리도록 허
　 락하지 아니하셨으므로 다른 사람이 누리나니 이것도 헛되어 악한 병
　 이로다
3 사람이 비록 백 명의 자녀를 낳고 또 장수하여 사는 날이 많을지라도
　 그의 영혼은 그러한 행복으로 만족하지 못하고 또 그가 안장되지 못하
　 면 나는 이르기를 낙태된 자가 그보다는 낫다 하나니
4 낙태된 자는 헛되이 왔다가 어두운 중에 가매 그의 이름이 어둠에 덮
　 이니
5 햇빛도 보지 못하고 또 그것을 알지도 못하나 이가 그보다 더 평안함
　 이라
6 그가 비록 천 년의 갑절을 산다 할지라도 행복을 보지 못하면 마침내
　 다 한 곳으로 돌아가는 것뿐이 아니냐
7 사람의 수고는 다 자기의 입을 위함이나 그 식욕은 채울 수 없느니라
8 지혜자가 우매자보다 나은 것이 무엇이냐 살아 있는 자들 앞에서 행할
　 줄을 아는 가난한 자에게는 무슨 유익이 있는가
9 눈으로 보는 것이 마음으로 공상하는 것보다 나으나 이것도 헛되어 바
　 람을 잡는 것이로다

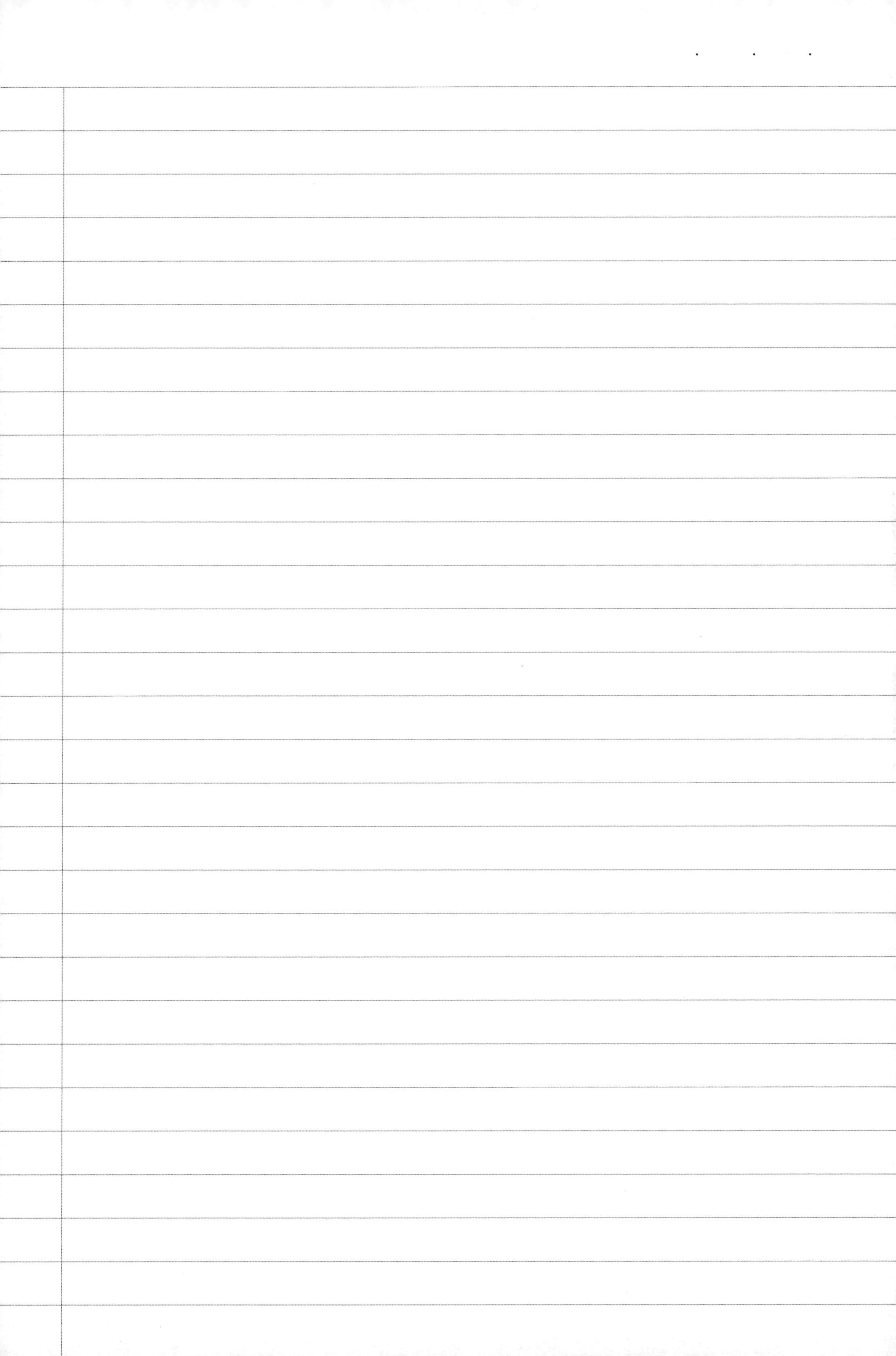

10 이미 있는 것은 무엇이든지 오래 전부터 그의 이름이 이미 불린 바 되었으며 사람이 무엇인지도 이미 안 바 되었나니 자기보다 강한 자와는 능히 다툴 수 없느니라

11 헛된 것을 더하게 하는 많은 일들이 있나니 그것들이 사람에게 무슨 유익이 있으랴

12 헛된 생명의 모든 날을 그림자 같이 보내는 일평생에 사람에게 무엇이 낙인지를 누가 알며 그 후에 해 아래에서 무슨 일이 있을 것을 누가 능히 그에게 고하리요

7장

지혜자와 우매한 자

1 좋은 이름이 좋은 기름보다 낫고 죽는 날이 출생하는 날보다 나으며

2 초상집에 가는 것이 잔칫집에 가는 것보다 나으니 모든 사람의 끝이 이와 같이 됨이라 산 자는 이것을 그의 마음에 둘지어다

3 슬픔이 웃음보다 나음은 얼굴에 근심하는 것이 마음에 유익하기 때문이니라

4 지혜자의 마음은 초상집에 있으되 우매한 자의 마음은 혼인집에 있느니라

5 지혜로운 사람의 책망을 듣는 것이 우매한 자들의 노래를 듣는 것보다 나으니라

6 우매한 자들의 웃음 소리는 솥 밑에서 가시나무가 타는 소리 같으니 이것도 헛되니라

7 탐욕이 지혜자를 우매하게 하고 뇌물이 사람의 명철을 망하게 하느니라

8 일의 끝이 시작보다 낫고 참는 마음이 교만한 마음보다 나으니

9 급한 마음으로 노를 발하지 말라 노는 우매한 자들의 품에 머무름이니라

10 옛날이 오늘보다 나은 것이 어찜이냐 하지 말라 이렇게 묻는 것은 지혜가 아니니라

11 지혜는 유산 같이 아름답고 햇빛을 보는 자에게 유익이 되도다

12 지혜의 그늘 아래에 있음은 돈의 그늘 아래에 있음과 같으나, 지혜에 관한 지식이 더 유익함은 지혜가 그 지혜 있는 자를 살리기 때문이니라

13 하나님께서 행하시는 일을 보라 하나님께서 굽게 하신 것을 누가 능히 곧게 하겠느냐

14 형통한 날에는 기뻐하고 곤고한 날에는 되돌아 보아라 이 두 가지를 하나님이 병행하게 하사 사람이 그의 장래 일을 능히 헤아려 알지 못하게 하셨느니라

15 내 허무한 날을 사는 동안 내가 그 모든 일을 살펴 보았더니 자기의 의로움에도 불구하고 멸망하는 의인이 있고 자기의 악행에도 불구하고 장수하는 악인이 있으니

16 지나치게 의인이 되지도 말며 지나치게 지혜자도 되지 말라 어찌하여 스스로 패망하게 하겠느냐

17 지나치게 악인이 되지도 말며 지나치게 우매한 자도 되지 말라 어찌하여 기한 전에 죽으려고 하느냐

18 너는 이것도 잡으며 저것에서도 네 손을 놓지 아니하는 것이 좋으니 하나님을 경외하는 자는 이 모든 일에서 벗어날 것임이니라

19 지혜가 지혜자를 성읍 가운데에 있는 열 명의 권력자들보다 더 능력이 있게 하느니라

20 선을 행하고 전혀 죄를 범하지 아니하는 의인은 세상에 없기 때문이로다

21 또한 사람들이 하는 모든 말에 네 마음을 두지 말라 그리하면 네 종이 너를 저주하는 것을 듣지 아니하리라

22 너도 가끔 사람을 저주하였다는 것을 네 마음도 알고 있느니라

23 내가 이 모든 것을 지혜로 시험하며 스스로 이르기를 내가 지혜자가 되리라 하였으나 지혜가 나를 멀리 하였도다

24 이미 있는 것은 멀고 또 깊고 깊도다 누가 능히 통달하랴

25 내가 돌이켜 전심으로 지혜와 명철을 살피고 연구하여 악한 것이 얼마나 어리석은 것이요 어리석은 것이 얼마나 미친 것인 줄을 알고자 하였더니

26 마음은 올무와 그물 같고 손은 포승 같은 여인은 사망보다 더 쓰다는 사실을 내가 알아내었도다 그러므로 하나님을 기쁘게 하는 자는 그 여인을 피하려니와 죄인은 그 여인에게 붙잡히리로다

27 전도자가 이르되 보라 내가 낱낱이 살펴 그 이치를 연구하여 이것을 깨달았노라

28 내 마음이 계속 찾아 보았으나 아직도 찾지 못한 것이 이것이라 천 사람 가운데서 한 사람을 내가 찾았으나 이 모든 사람들 중에서 여자는 한 사람도 찾지 못하였느니라

29 내가 깨달은 것은 오직 이것이라 곧 하나님은 사람을 정직하게 지으셨으나 사람이 많은 꾀들을 낸 것이니라

8장

1 누가 지혜자와 같으며 누가 사물의 이치를 아는 자이냐 사람의 지혜는 그의 얼굴에 광채가 나게 하나니 그의 얼굴의 사나운 것이 변하느니라

2 내가 권하노라 왕의 명령을 지키라 이미 하나님을 가리켜 맹세하였음이니라

3 왕 앞에서 물러가기를 급하게 하지 말며 악한 것을 일삼지 말라 왕은 자기가 하고자 하는 것을 다 행함이니라

4 왕의 말은 권능이 있나니 누가 그에게 이르기를 왕께서 무엇을 하시나이까 할 수 있으랴

5 명령을 지키는 자는 불행을 알지 못하리라 지혜자의 마음은 때와 판단을 분변하나니

6 무슨 일에든지 때와 판단이 있으므로 사람에게 임하는 화가 심함이니라

7 사람이 장래 일을 알지 못하나니 장래 일을 가르칠 자가 누구이랴

8 바람을 주장하여 바람을 움직이게 할 사람도 없고 죽는 날을 주장할 사
람도 없으며 전쟁할 때를 모면할 사람도 없으니 악이 그의 주민들을 건
져낼 수는 없느니라

악인들과 의인들

9 내가 이 모든 것들을 보고 해 아래에서 행하는 모든 일을 마음에 두고
살핀즉 사람이 사람을 주장하여 해롭게 하는 때가 있도다

10 그런 후에 내가 본즉 악인들은 장사지낸 바 되어 거룩한 곳을 떠나 그
들이 그렇게 행한 성읍 안에서 잊어버린 바 되었으니 이것도 헛되도다

11 악한 일에 관한 징벌이 속히 실행되지 아니하므로 인생들이 악을 행하
는 데에 마음이 담대하도다

12 죄인은 백 번이나 악을 행하고도 장수하거니와 또한 내가 아노니 하나
님을 경외하여 그를 경외하는 자들은 잘 될 것이요

13 악인은 잘 되지 못하며 장수하지 못하고 그 날이 그림자와 같으리니 이
는 하나님을 경외하지 아니함이니라

14 세상에서 행해지는 헛된 일이 있나니 곧 악인들의 행위에 따라 벌을 받
는 의인들도 있고 의인들의 행위에 따라 상을 받는 악인들도 있다는 것
이라 내가 이르노니 이것도 헛되도다

15 이에 내가 희락을 찬양하노니 이는 사람이 먹고 마시고 즐거워하는 것
보다 더 나은 것이 해 아래에는 없음이라 하나님이 사람을 해 아래에서
살게 하신 날 동안 수고하는 일 중에 그러한 일이 그와 함께 있을 것이
니라

16 내가 마음을 다하여 지혜를 알고자 하며 세상에서 행해지는 일을 보았
는데 밤낮으로 자지 못하는 자도 있도다

17 또 내가 하나님의 모든 행사를 살펴 보니 해 아래에서 행해지는 일을 사
람이 능히 알아낼 수 없도다 사람이 아무리 애써 알아보려고 할지라도
능히 알지 못하나니 비록 지혜자가 아노라 할지라도 능히 알아내지 못
하리로다

9장 모두 다 하나님의 손 안에 있다

1 이 모든 것을 내가 마음에 두고 이 모든 것을 살펴 본즉 의인들이나 지혜자들이나 그들의 행위나 모두 다 하나님의 손 안에 있으니 사랑을 받을는지 미움을 받을는지 사람이 알지 못하는 것은 모두 그들의 미래의 일들임이니라

2 모든 사람에게 임하는 그 모든 것이 일반이라 의인과 악인, 선한 자와 깨끗한 자와 깨끗하지 아니한 자, 제사를 드리는 자와 제사를 드리지 아니하는 자에게 일어나는 일들이 모두 일반이니 선인과 죄인, 맹세하는 자와 맹세하기를 무서워하는 자가 일반이로다

3 모든 사람의 결국은 일반이라 이것은 해 아래에서 행해지는 모든 일 중의 악한 것이니 곧 인생의 마음에는 악이 가득하여 그들의 평생에 미친 마음을 품고 있다가 후에는 죽은 자들에게로 돌아가는 것이라

4 모든 산 자들 중에 들어 있는 자에게는 누구나 소망이 있음은 산 개가 죽은 사자보다 낫기 때문이니라

5 산 자들은 죽을 줄을 알되 죽은 자들은 아무것도 모르며 그들이 다시는 상을 받지 못하는 것은 그들의 이름이 잊어버린 바 됨이니라

6 그들의 사랑과 미움과 시기도 없어진 지 오래이니 해 아래에서 행하는 모든 일 중에서 그들에게 돌아갈 몫은 영원히 없느니라

7 너는 가서 기쁨으로 네 음식물을 먹고 즐거운 마음으로 네 포도주를 마실지어다 이는 하나님이 네가 하는 일들을 벌써 기쁘게 받으셨음이니라

8 네 의복을 항상 희게 하며 네 머리에 향 기름을 그치지 아니하도록 할지니라

9 네 헛된 평생의 모든 날 곧 하나님이 해 아래에서 네게 주신 모든 헛된 날에 네가 사랑하는 아내와 함께 즐겁게 살지어다 그것이 네가 평생에 해 아래에서 수고하고 얻은 네 몫이니라

10 네 손이 일을 얻는 대로 힘을 다하여 할지어다 네가 장차 들어갈 스올에는 일도 없고 계획도 없고 지식도 없고 지혜도 없음이니라

11 내가 다시 해 아래에서 보니 빠른 경주자들이라고 선착하는 것이 아니며 용사들이라고 전쟁에 승리하는 것이 아니며 지혜자들이라고 음식물을 얻는 것도 아니며 명철자들이라고 재물을 얻는 것도 아니며 지식인들이라고 은총을 입는 것이 아니니 이는 시기와 기회는 그들 모두에게 임함이니라

12 분명히 사람은 자기의 시기도 알지 못하나니 물고기들이 재난의 그물에 걸리고 새들이 올무에 걸림 같이 인생들도 재앙의 날이 그들에게 홀연히 임하면 거기에 걸리느니라

지혜를 보고 크게 여긴 것

13 내가 또 해 아래에서 지혜를 보고 내가 크게 여긴 것이 이러하니

14 곧 작고 인구가 많지 아니한 어떤 성읍에 큰 왕이 와서 그것을 에워싸고 큰 흉벽을 쌓고 치고자 할 때에

15 그 성읍 가운데에 가난한 지혜자가 있어서 그의 지혜로 그 성읍을 건진 그것이라 그러나 그 가난한 자를 기억하는 사람이 없었도다

16 그러므로 내가 이르기를 지혜가 힘보다 나으나 가난한 자의 지혜가 멸시를 받고 그의 말들을 사람들이 듣지 아니한다 하였노라

17 조용히 들리는 지혜자들의 말들이 우매한 자들을 다스리는 자의 호령보다 나으니라

18 지혜가 무기보다 나으니라 그러나 죄인 한 사람이 많은 선을 무너지게 하느니라

10장

1 죽은 파리들이 향기름을 악취가 나게 만드는 것 같이 적은 우매가 지혜와 존귀를 난처하게 만드느니라

2 지혜자의 마음은 오른쪽에 있고 우매자의 마음은 왼쪽에 있느니라

3 우매한 자는 길을 갈 때에도 지혜가 부족하여 각 사람에게 자기가 우매함을 말하느니라

4 주권자가 네게 분을 일으키거든 너는 네 자리를 떠나지 말라 공손함이 큰 허물을 용서 받게 하느니라

5 내가 해 아래에서 한 가지 재난을 보았노니 곧 주권자에게서 나오는 허물이라

6 우매한 자가 크게 높은 지위들을 얻고 부자들이 낮은 지위에 앉는도다

7 또 내가 보았노니 종들은 말을 타고 고관들은 종들처럼 땅에 걸어 다니는도다

8 함정을 파는 자는 거기에 빠질 것이요 담을 허는 자는 뱀에게 물리리라

9 돌들을 떠내는 자는 그로 말미암아 상할 것이요 나무들을 쪼개는 자는 그로 말미암아 위험을 당하리라

10 철 연장이 무디어졌는데도 날을 갈지 아니하면 힘이 더 드느니라 오직 지혜는 성공하기에 유익하니라

11 주술을 베풀기 전에 뱀에게 물렸으면 술객은 소용이 없느니라

12 지혜자의 입의 말들은 은혜로우나 우매자의 입술들은 자기를 삼키나니

13 그의 입의 말들의 시작은 우매요 그의 입의 결말들은 심히 미친 것이니라

14 우매한 자는 말을 많이 하거니와 사람은 장래 일을 알지 못하나니 나중에 일어날 일을 누가 그에게 알리리요

15 우매한 자들의 수고는 자신을 피곤하게 할 뿐이라 그들은 성읍에 들어갈 줄도 알지 못함이니라

16 왕은 어리고 대신들은 아침부터 잔치하는 나라여 네게 화가 있도다

17 왕은 귀족들의 아들이요 대신들은 취하지 아니하고 기력을 보하려고 정한 때에 먹는 나라여 네게 복이 있도다

18 게으른즉 서까래가 내려앉고 손을 놓은즉 집이 새느니라

19 잔치는 희락을 위하여 베푸는 것이요 포도주는 생명을 기쁘게 하는 것이나 돈은 범사에 이용되느니라

20 심중에라도 왕을 저주하지 말며 침실에서라도 부자를 저주하지 말라 공중의 새가 그 소리를 전하고 날짐승이 그 일을 전파할 것임이니라

11장

지혜로운 삶

1 너는 네 떡을 물 위에 던져라 여러 날 후에 도로 찾으리라

2 일곱에게나 여덟에게 나눠 줄지어다 무슨 재앙이 땅에 임할는지 네가
알지 못함이니라

3 구름에 비가 가득하면 땅에 쏟아지며 나무가 남으로나 북으로나 쓰러지
면 그 쓰러진 곳에 그냥 있으리라

4 풍세를 살펴보는 자는 파종하지 못할 것이요 구름만 바라보는 자는 거
두지 못하리라

5 바람의 길이 어떠함과 아이 밴 자의 태에서 뼈가 어떻게 자라는지를 네
가 알지 못함 같이 만사를 성취하시는 하나님의 일을 네가 알지 못하느
니라

6 너는 아침에 씨를 뿌리고 저녁에도 손을 놓지 말라 이것이 잘 될는지,
저것이 잘 될는지, 혹 둘이 다 잘 될는지 알지 못함이니라

7 빛은 실로 아름다운 것이라 눈으로 해를 보는 것이 즐거운 일이로다

8 사람이 여러 해를 살면 항상 즐거워할지로다 그러나 캄캄한 날들이 많
으리니 그 날들을 생각할지로다 다가올 일은 다 헛되도다

젊은이에게 주는 교훈

9 청년이여 네 어린 때를 즐거워하며 네 청년의 날들을 마음에 기뻐하여
마음에 원하는 길들과 네 눈이 보는 대로 행하라 그러나 하나님이 이
모든 일로 말미암아 너를 심판하실 줄 알라

10 그런즉 근심이 네 마음에서 떠나게 하며 악이 네 몸에서 물러가게 하라
어릴 때와 검은 머리의 시절이 다 헛되니라

1 너는 청년의 때에 너의 창조주를 기억하라 곧 곤고한 날이 이르기 전에,
나는 아무 낙이 없다고 할 해들이 가깝기 전에

2 해와 빛과 달과 별들이 어둡기 전에, 비 뒤에 구름이 다시 일어나기 전
에 그리하라

3 그런 날에는 집을 지키는 자들이 떨 것이며 힘 있는 자들이 구부러질 것이며 맷돌질 하는 자들이 적으므로 그칠 것이며 창들로 내다 보는 자가 어두워질 것이며

4 길거리 문들이 닫혀질 것이며 맷돌 소리가 적어질 것이며 새의 소리로 말미암아 일어날 것이며 음악하는 여자들은 다 쇠하여질 것이며

5 또한 그런 자들은 높은 곳을 두려워할 것이며 길에서는 놀랄 것이며 살구나무가 꽃이 필 것이며 메뚜기도 짐이 될 것이며 정욕이 그치리니 이는 사람이 자기의 영원한 집으로 돌아가고 조문객들이 거리로 왕래하게 됨이니라

6 은 줄이 풀리고 금 그릇이 깨지고 항아리가 샘 곁에서 깨지고 바퀴가 우물 위에서 깨지고

7 흙은 여전히 땅으로 돌아가고 영은 그것을 주신 하나님께로 돌아가기 전에 기억하라

8 전도자가 이르되 헛되고 헛되도다 모든 것이 헛되도다

사람의 본분

9 전도자는 지혜자이어서 여전히 백성에게 지식을 가르쳤고 또 깊이 생각하고 연구하여 잠언을 많이 지었으며

10 전도자는 힘써 아름다운 말들을 구하였나니 진리의 말씀들을 정직하게 기록하였느니라

11 지혜자들의 말씀들은 찌르는 채찍들 같고 회중의 스승들의 말씀들은 잘 박힌 못 같으니 다 한 목자가 주신 바이니라

12 내 아들아 또 이것들로부터 경계를 받으라 많은 책들을 짓는 것은 끝이 없고 많이 공부하는 것은 몸을 피곤하게 하느니라

13 일의 결국을 다 들었으니 하나님을 경외하고 그의 명령들을 지킬지어다 이것이 모든 사람의 본분이니라

14 하나님은 모든 행위와 모든 은밀한 일을 선악 간에 심판하시리라

1장

1 솔로몬의 아가라

2 내게 입맞추기를 원하니 네 사랑이 포도주보다 나음이로구나

3 네 기름이 향기로워 아름답고 네 이름이 쏟은 향기름 같으므로 처녀들이 너를 사랑하는구나

4 왕이 나를 그의 방으로 이끌어 들이시니 너는 나를 인도하라 우리가 너를 따라 달려가리라 우리가 너로 말미암아 기뻐하며 즐거워하니 네 사랑이 포도주보다 더 진함이라 처녀들이 너를 사랑함이 마땅하니라

5 예루살렘 딸들아 내가 비록 검으나 아름다우니 게달의 장막 같을지라도 솔로몬의 휘장과도 같구나

6 내가 햇볕에 쬐어서 거무스름할지라도 흘겨보지 말 것은 내 어머니의 아들들이 나에게 노하여 포도원지기로 삼았음이라 나의 포도원을 내가 지키지 못하였구나

7 내 마음으로 사랑하는 자야 네가 양 치는 곳과 정오에 쉬게 하는 곳을 내게 말하라 내가 네 친구의 양 떼 곁에서 어찌 얼굴을 가린 자 같이 되랴

8 여인 중에 어여쁜 자야 네가 알지 못하겠거든 양 떼의 발자취를 따라 목자들의 장막 곁에서 너의 염소 새끼를 먹일지니라

9 내 사랑아 내가 너를 바로의 병거의 준마에 비하였구나

10 네 두 뺨은 땋은 머리털로, 네 목은 구슬 꿰미로 아름답구나

11 우리가 너를 위하여 금 사슬에 은을 박아 만들리라

12 왕이 침상에 앉았을 때에 나의 나도 기름이 향기를 뿜어냈구나

13 나의 사랑하는 자는 내 품 가운데 몰약 향주머니요

14 나의 사랑하는 자는 내게 엔게디 포도원의 고벨화 송이로구나

15 내 사랑아 너는 어여쁘고 어여쁘다 네 눈이 비둘기 같구나

16 나의 사랑하는 자야 너는 어여쁘고 화창하다 우리의 침상은 푸르고

17 우리 집은 백향목 들보, 잣나무 서까래로구나

1 나는 사론의 수선화요 골짜기의 백합화로다

2 여자들 중에 내 사랑은 가시나무 가운데 백합화 같도다

3 남자들 중에 나의 사랑하는 자는 수풀 가운데 사과나무 같구나 내가 그 그늘에 앉아서 심히 기뻐하였고 그 열매는 내 입에 달았도다

4 그가 나를 인도하여 잔칫집에 들어갔으니 그 사랑은 내 위에 깃발이로구나

5 너희는 건포도로 내 힘을 돕고 사과로 나를 시원하게 하라 내가 사랑하므로 병이 생겼음이라

6 그가 왼팔로 내 머리를 고이고 오른팔로 나를 안는구나

7 예루살렘 딸들아 내가 노루와 들사슴을 두고 너희에게 부탁한다 내 사랑이 원하기 전에는 흔들지 말고 깨우지 말지니라

8 내 사랑하는 자의 목소리로구나 보라 그가 산에서 달리고 작은 산을 빨리 넘어오는구나

9 내 사랑하는 자는 노루와도 같고 어린 사슴과도 같아서 우리 벽 뒤에 서서 창으로 들여다보며 창살 틈으로 엿보는구나

10 나의 사랑하는 자가 내게 말하여 이르기를 나의 사랑, 내 어여쁜 자야 일어나서 함께 가자

11 겨울도 지나고 비도 그쳤고

12 지면에는 꽃이 피고 새가 노래할 때가 이르렀는데 비둘기의 소리가 우리 땅에 들리는구나

13 무화과나무에는 푸른 열매가 익었고 포도나무는 꽃을 피워 향기를 토하는구나 나의 사랑, 나의 어여쁜 자야 일어나서 함께 가자

14 바위 틈 낭떠러지 은밀한 곳에 있는 나의 비둘기야 내가 네 얼굴을 보게 하라 네 소리를 듣게 하라 네 소리는 부드럽고 네 얼굴은 아름답구나

15 우리를 위하여 여우 곧 포도원을 허는 작은 여우를 잡으라 우리의 포도원에 꽃이 피었음이라

16 내 사랑하는 자는 내게 속하였고 나는 그에게 속하였도다 그가 백합화 가운데에서 양 떼를 먹이는구나

17 내 사랑하는 자야 날이 저물고 그림자가 사라지기 전에 돌아와서 베데르 산의 노루와 어린 사슴 같을지라

3장

1 내가 밤에 침상에서 마음으로 사랑하는 자를 찾았노라 찾아도 찾아내지 못하였노라

2 이에 내가 일어나서 성 안을 돌아다니며 마음에 사랑하는 자를 거리에서나 큰 길에서나 찾으리라 하고 찾으나 만나지 못하였노라

3 성 안을 순찰하는 자들을 만나서 묻기를 내 마음으로 사랑하는 자를 너희가 보았느냐 하고

4 그들을 지나치자마자 마음에 사랑하는 자를 만나서 그를 붙잡고 내 어머니 집으로, 나를 잉태한 이의 방으로 가기까지 놓지 아니하였노라

5 예루살렘 딸들아 내가 노루와 들사슴을 두고 너희에게 부탁한다 사랑하는 자가 원하기 전에는 흔들지 말고 깨우지 말지니라

6 몰약과 유향과 상인의 여러 가지 향품으로 향내 풍기며 연기 기둥처럼 거친 들에서 오는 자가 누구인가

7 볼지어다 솔로몬의 가마라 이스라엘 용사 중 육십 명이 둘러쌌는데

8 다 칼을 잡고 싸움에 익숙한 사람들이라 밤의 두려움으로 말미암아 각기 허리에 칼을 찼느니라

9 솔로몬 왕이 레바논 나무로 자기의 가마를 만들었는데

10 그 기둥은 은이요 바닥은 금이요 자리는 자색 깔개라 그 안에는 예루살렘 딸들의 사랑이 엮어져 있구나

11 시온의 딸들아 나와서 솔로몬 왕을 보라 혼인날 마음이 기쁠 때에 그의 어머니가 씌운 왕관이 그 머리에 있구나

4장

1 내 사랑 너는 어여쁘고도 어여쁘다 너울 속에 있는 네 눈이 비둘기 같고 네 머리털은 길르앗 산 기슭에 누운 염소 떼 같구나

2 네 이는 목욕장에서 나오는 털 깎인 암양 곧 새끼 없는 것은 하나도 없이 각각 쌍태를 낳은 양 같구나

3 네 입술은 홍색 실 같고 네 입은 어여쁘고 너울 속의 네 뺨은 석류 한 쪽 같구나

4 네 목은 무기를 두려고 건축한 다윗의 망대 곧 방패 천 개, 용사의 모든 방패가 달린 망대 같고

5 네 두 유방은 백합화 가운데서 꼴을 먹는 쌍태 어린 사슴 같구나

6 날이 저물고 그림자가 사라지기 전에 내가 몰약 산과 유향의 작은 산으로 가리라

7 나의 사랑 너는 어여쁘고 아무 흠이 없구나

8 내 신부야 너는 레바논에서부터 나와 함께 하고 레바논에서부터 나와 함께 가자 아마나와 스닐과 헤르몬 꼭대기에서 사자 굴과 표범 산에서 내려오너라

9 내 누이, 내 신부야 네가 내 마음을 빼앗았구나 네 눈으로 한 번 보는 것과 네 목의 구슬 한 꿰미로 내 마음을 빼앗았구나

10 내 누이, 내 신부야 네 사랑이 어찌 그리 아름다운지 네 사랑은 포도주보다 진하고 네 기름의 향기는 각양 향품보다 향기롭구나

11 내 신부야 네 입술에서는 꿀 방울이 떨어지고 네 혀 밑에는 꿀과 젖이 있고 네 의복의 향기는 레바논의 향기 같구나

12 내 누이, 내 신부는 잠근 동산이요 덮은 우물이요 봉한 샘이로구나

13 네게서 나는 것은 석류나무와 각종 아름다운 과수와 고벨화와 나도풀과

14 나도와 번홍화와 창포와 계수와 각종 유향목과 몰약과 침향과 모든 귀한 향품이요

15 너는 동산의 샘이요 생수의 우물이요 레바논에서부터 흐르는 시내로구나

16 북풍아 일어나라 남풍아 오라 나의 동산에 불어서 향기를 날리라 나의 사랑하는 자가 그 동산에 들어가서 그 아름다운 열매 먹기를 원하노라

1 내 누이, 내 신부야 내가 내 동산에 들어와서 나의 몰약과 향 재료를 거두고 나의 꿀송이와 꿀을 먹고 내 포도주와 내 우유를 마셨으니 나의 친구들아 먹으라 나의 사랑하는 사람들아 많이 마시라

2 내가 잘지라도 마음은 깨었는데 나의 사랑하는 자의 소리가 들리는구나 문을 두드려 이르기를 나의 누이, 나의 사랑, 나의 비둘기, 나의 완전한 자야 문을 열어 다오 내 머리에는 이슬이, 내 머리털에는 밤이슬이 가득하였다 하는구나

3 내가 옷을 벗었으니 어찌 다시 입겠으며 내가 발을 씻었으니 어찌 다시 더럽히랴마는

4 내 사랑하는 자가 문틈으로 손을 들이밀매 내 마음이 움직여서

5 일어나 내 사랑하는 자를 위하여 문을 열 때 몰약이 내 손에서, 몰약의 즙이 내 손가락에서 문빗장에 떨어지는구나

6 내가 내 사랑하는 자를 위하여 문을 열었으나 그는 벌써 물러갔네 그가 말할 때에 내 혼이 나갔구나 내가 그를 찾아도 못 만났고 불리도 응답이 없었노라

7 성 안을 순찰하는 자들이 나를 만나매 나를 쳐서 상하게 하였고 성벽을 파수하는 자들이 나의 겉옷을 벗겨 가졌도다

8 예루살렘 딸들아 너희에게 내가 부탁한다 너희가 내 사랑하는 자를 만나거든 내가 사랑하므로 병이 났다고 하려무나

9 여자들 가운데에 어여쁜 자야 너의 사랑하는 자가 남의 사랑하는 자보다 나은 것이 무엇인가 너의 사랑하는 자가 남의 사랑하는 자보다 나은 것이 무엇이기에 이같이 우리에게 부탁하는가

10 내 사랑하는 자는 희고도 붉어 많은 사람 가운데에 뛰어나구나

11 머리는 순금 같고 머리털은 고불고불하고 까마귀 같이 검구나

12 눈은 시냇가의 비둘기 같은데 우유로 씻은 듯하고 아름답게도 박혔구나

13 뺨은 향기로운 꽃밭 같고 향기로운 풀언덕과도 같고 입술은 백합화 같고 몰약의 즙이 뚝뚝 떨어지는구나

14 손은 황옥을 물린 황금 노리개 같고 몸은 아로새긴 상아에 청옥을 입힌 듯하구나

15 다리는 순금 받침에 세운 화반석 기둥 같고 생김새는 레바논 같으며 백향목처럼 보기 좋고

16 입은 심히 달콤하니 그 전체가 사랑스럽구나 예루살렘 딸들아 이는 내 사랑하는 자요 나의 친구로다

6장

1 여자들 가운데에서 어여쁜 자야 네 사랑하는 자가 어디로 갔는가 네 사랑하는 자가 어디로 돌아갔는가 우리가 너와 함께 찾으리라

2 내 사랑하는 자가 자기 동산으로 내려가 향기로운 꽃밭에 이르러서 동산 가운데에서 양 떼를 먹이며 백합화를 꺾는구나

3 나는 내 사랑하는 자에게 속하였고 내 사랑하는 자는 내게 속하였으며 그가 백합화 가운데에서 그 양 떼를 먹이는도다

4 내 사랑아 너는 디르사 같이 어여쁘고, 예루살렘 같이 곱고, 깃발을 세운 군대 같이 당당하구나

5 네 눈이 나를 놀라게 하니 돌이켜 나를 보지 말라 네 머리털은 길르앗 산 기슭에 누운 염소 떼 같고

6 네 이는 목욕하고 나오는 암양 떼 같으니 쌍태를 가졌으며 새끼 없는 것은 하나도 없구나

7 너울 속의 네 뺨은 석류 한 쪽 같구나

8 왕비가 육십 명이요 후궁이 팔십 명이요 시녀가 무수하되

9 내 비둘기, 내 완전한 자는 하나뿐이로구나 그는 그의 어머니의 외딸이요 그 낳은 자가 귀중하게 여기는 자로구나 여자들이 그를 보고 복된 자라 하고 왕비와 후궁들도 그를 칭찬하는구나

10 아침 빛 같이 뚜렷하고 달 같이 아름답고 해 같이 맑고 깃발을 세운 군대 같이 당당한 여자가 누구인가

11 골짜기의 푸른 초목을 보려고 포도나무가 순이 났는가 석류나무가 꽃이 피었는가 알려고 내가 호도 동산으로 내려갔을 때에

12 부지중에 내 마음이 나를 내 귀한 백성의 수레 가운데에 이르게 하였
구나
13 돌아오고 돌아오라 술람미 여자야 돌아오고 돌아오라 우리가 너를 보
게 하라 너희가 어찌하여 마하나임에서 춤추는 것을 보는 것처럼 술람
미 여자를 보려느냐

1 귀한 자의 딸아 신을 신은 네 발이 어찌 그리 아름다운가 네 넓적다리
는 둥글어서 숙련공의 손이 만든 구슬 꿰미 같구나
2 배꼽은 섞은 포도주를 가득히 부은 둥근 잔 같고 허리는 백합화로 두
른 밀단 같구나
3 두 유방은 암사슴의 쌍태 새끼 같고
4 목은 상아 망대 같구나 눈은 헤스본 바드랍빔 문 곁에 있는 연못 같고
코는 다메섹을 향한 레바논 망대 같구나
5 머리는 갈멜 산 같고 드리운 머리털은 자주 빛이 있으니 왕이 그 머리카
락에 매이었구나
6 사랑아 네가 어찌 그리 아름다운지, 어찌 그리 화창한지 즐겁게 하는
구나
7 네 키는 종려나무 같고 네 유방은 그 열매송이 같구나
8 내가 말하기를 종려나무에 올라가서 그 가지를 잡으리라 하였나니 네
유방은 포도송이 같고 네 콧김은 사과 냄새 같고
9 네 입은 좋은 포도주 같을 것이니라 이 포도주는 내 사랑하는 자를 위
하여 미끄럽게 흘러내려서 자는 자의 입을 움직이게 하느니라
10 나는 내 사랑하는 자에게 속하였도다 그가 나를 사모하는구나
11 내 사랑하는 자야 우리가 함께 들로 가서 동네에서 유숙하자
12 우리가 일찍이 일어나서 포도원으로 가서 포도 움이 돋았는지, 꽃술이
퍼졌는지, 석류 꽃이 피었는지 보자 거기에서 내가 내 사랑을 네게 주
리라

13 합환채가 향기를 뿜어내고 우리의 문 앞에는 여러 가지 귀한 열매가 새 것, 묵은 것으로 마련되었구나 내가 내 사랑하는 자 너를 위하여 쌓아 둔 것이로다

8장

1 네가 내 어머니의 젖을 먹은 오라비 같았더라면 내가 밖에서 너를 만날 때에 입을 맞추어도 나를 업신여길 자가 없었을 것이라

2 내가 너를 이끌어 내 어머니 집에 들이고 네게서 교훈을 받았으리라 나는 향기로운 술 곧 석류즙으로 네게 마시게 하겠고

3 너는 왼팔로는 내 머리를 고이고 오른손으로는 나를 안았으리라

4 예루살렘 딸들아 내가 너희에게 부탁한다 내 사랑하는 자가 원하기 전에는 흔들지 말며 깨우지 말지니라

5 그의 사랑하는 자를 의지하고 거친 들에서 올라오는 여자가 누구인가 너로 말미암아 네 어머니가 고생한 곳 너를 낳은 자가 애쓴 그 곳 사과나무 아래에서 내가 너를 깨웠노라

6 너는 나를 도장 같이 마음에 품고 도장 같이 팔에 두라 사랑은 죽음 같이 강하고 질투는 스올 같이 잔인하며 불길 같이 일어나니 그 기세가 여호와의 불과 같으니라

7 많은 물도 이 사랑을 끄지 못하겠고 홍수라도 삼키지 못하나니 사람이 그의 온 가산을 다 주고 사랑과 바꾸려 할지라도 오히려 멸시를 받으리라

8 우리에게 있는 작은 누이는 아직도 유방이 없구나 그가 청혼을 받는 날에는 우리가 그를 위하여 무엇을 할까

9 그가 성벽이라면 우리는 은 망대를 그 위에 세울 것이요 그가 문이라면 우리는 백향목 판자로 두르리라

10 나는 성벽이요 내 유방은 망대 같으니 그러므로 나는 그가 보기에 화평을 얻은 자 같구나

11 솔로몬이 바알하몬에 포도원이 있어 지키는 자들에게 맡겨 두고 그들로 각기 그 열매로 말미암아 은 천을 바치게 하였구나

12 솔로몬 너는 천을 얻겠고 열매를 지키는 자도 이백을 얻으려니와 내게
   속한 내 포도원은 내 앞에 있구나
13 너 동산에 거주하는 자야 친구들이 네 소리에 귀를 기울이니 내가 듣게
   하려무나
14 내 사랑하는 자야 너는 빨리 달리라 향기로운 산 위에 있는 노루와도
   같고 어린 사슴과도 같아라

성령이 이끄는 대로 성경 쓰기

전도서·아가 필사 노트 큰글자

1판 1쇄 발행 2025년 7월 18일

엮은이 편집부
펴낸이 이용훈

펴낸곳 북스원
등록 제2015-000033호
주소 서울시 송파구 오금로44나길 5, 401호
전화 010-3244-4066
이메일 wisebook@naver.com
공급처 (주)비전북 031-907-3927
ISBN 979-11-92468-30-3 03230